U0862586

中华人民共和国
军人地位和权益保障法

中国法制出版社

目　　录

中华人民共和国主席令

第八十六号

《中华人民共和国军人地位和权益保障法》已由中华人民共和国第十三届全国人民代表大会常务委员会第二十九次会议于2021年6月10日通过，现予公布，自2021年8月1日起施行。

中华人民共和国主席　习近平

2021年6月10日

中华人民共和国
军人地位和权益保障法

（2021年6月10日第十三届全国人民代表大会常务委员会第二十九次会议通过）

目　　录

第一章　总　　则

第一条　为了保障军人地位和合法权益，激励军人履行职责使命，让军人成为全社会尊崇的职业，促进国防和军队现代化建设，根据宪法，制定本法。

第二条 本法所称军人，是指在中国人民解放军服现役的军官、军士、义务兵等人员。

第三条 军人肩负捍卫国家主权、安全、发展利益和保卫人民的和平劳动的神圣职责和崇高使命。

第四条 军人是全社会尊崇的职业。国家和社会尊重、优待军人，保障军人享有与其职业特点、担负职责使命和所做贡献相称的地位和权益，经常开展各种形式的拥军优属活动。

一切国家机关和武装力量、各政党和群团组织、企业事业单位、社会组织和其他组织都有依法保障军人地位和权益的责任，全体公民都应当依法维护军人合法权益。

第五条 军人地位和权益保障工作，坚持中国共产党的领导，以服务军队战斗力建设为根本目的，遵循权利与义务相统一、物质保障与精神激励相结合、保障水平与国民经济和社会发展相适应的原则。

第六条 中央军事委员会政治工作部门、国务院退役军人工作主管部门以及中央和国家有关机关、中央军事委员会有关部门按照职责分工做好军人地位和权益保障工作。

县级以上地方各级人民政府负责本行政区域内有关军人地位和权益保障工作。军队团级以上单位政治工作部门负责本单位的军人地位和权益保障工作。

省军区（卫戍区、警备区）、军分区（警备区）和县、自治县、市、市辖区的人民武装部，负责所在行政区域人民政府与军队单位之间军人地位和权益保障方面的联系协调工作，并根据需要建立工作协调机制。

乡镇人民政府、街道办事处、基层群众性自治组织应当按照职责做好军人地位和权益保障工作。

第七条 军人地位和权益保障所需经费，由中央和地方按照事权和支出责任相适应的原则列入预算。

第八条 中央和国家有关机关、县级以上地方人民政府及其有关部门、军队各级机关，应当将军人地位和权益保障工作情况作为拥军优属、拥政爱民等工作评比和有关单位负责人以及工作人员考核评价的重要内容。

第九条 国家鼓励和引导群团组织、企业事业单位、社会组织、个人等社会力量依法通过捐赠、志愿服务等方式为军人权益保障提供支持，符合规定条件的，依法享受税收优惠等政策。

第十条 每年8月1日为中国人民解放军建军节。各级人民政府和军队单位应当在建军节组织开展庆祝、纪念等活动。

第十一条 对在军人地位和权益保障工作中做出突出贡献的单位和个人，按照国家有关规定给予表彰、奖励。

第二章 军人地位

第十二条 军人是中国共产党领导的国家武装力量基本成员，必须忠于祖国，忠于中国共产党，听党指挥，坚决服从命令，认真履行巩固中国共产党的领导和社会主义制度的重要职责使命。

第十三条 军人是人民子弟兵，应当热爱人民，全心全意为人民服务，保卫人民生命财产安全，当遇到人民群众生命财产受到严重威胁时，挺身而出、积极救助。

第十四条 军人是捍卫国家主权、统一、领土完整的坚强力量，应当具备巩固国防、抵抗侵略、保卫祖国所需的战斗精神和能力素质，按照实战要求始终保持戒备状态，苦练杀敌本领，不怕牺牲，能打胜仗，坚决完成任务。

第十五条 军人是中国特色社会主义现代化建设的重要力量，应当积极投身全面建设社会主义现代化国家的事业，依法参加突发事件的应急救援和处置工作。

第十六条 军人享有宪法和法律规定的政治权利，

依法参加国家权力机关组成人员选举，依法参加管理国家事务、管理经济和文化事业、管理社会事务。

第十七条　军队实行官兵一致，军人之间在政治和人格上一律平等，应当互相尊重、平等对待。

军队建立健全军人代表会议、军人委员会等民主制度，保障军人知情权、参与权、建议权和监督权。

第十八条　军人必须模范遵守宪法和法律，认真履行宪法和法律规定的公民义务，严格遵守军事法规、军队纪律，作风优良，带头践行社会主义核心价值观。

第十九条　国家为军人履行职责提供保障，军人依法履行职责的行为受法律保护。

军人因执行任务给公民、法人或者其他组织的合法权益造成损害的，按照有关规定由国家予以赔偿或者补偿。

公民、法人和其他组织应当为军人依法履行职责提供必要的支持和协助。

第二十条　军人因履行职责享有的特定权益、承担的特定义务，由本法和有关法律法规规定。

第三章　荣誉维护

第二十一条　军人荣誉是国家、社会对军人献身国防和军队建设、社会主义现代化建设的褒扬和激励，是鼓舞军人士气、提升军队战斗力的精神力量。

国家维护军人荣誉，激励军人崇尚和珍惜荣誉。

第二十二条 军队加强爱国主义、集体主义、革命英雄主义教育，强化军人的荣誉意识，培育有灵魂、有本事、有血性、有品德的新时代革命军人，锻造具有铁一般信仰、铁一般信念、铁一般纪律、铁一般担当的过硬部队。

第二十三条 国家采取多种形式的宣传教育、奖励激励和保障措施，培育军人的职业使命感、自豪感和荣誉感，激发军人建功立业、报效国家的积极性、主动性、创造性。

第二十四条 全社会应当学习中国人民解放军光荣历史，宣传军人功绩和牺牲奉献精神，营造维护军人荣誉的良好氛围。

各级各类学校设置的国防教育课程中，应当包括中国人民解放军光荣历史、军人英雄模范事迹等内容。

第二十五条 国家建立健全军人荣誉体系，通过授予勋章、荣誉称号和记功、嘉奖、表彰、颁发纪念章等方式，对做出突出成绩和贡献的军人给予功勋荣誉表彰，褒扬军人为国家和人民做出的奉献和牺牲。

第二十六条 军人经军队单位批准可以接受地方人民政府、群团组织和社会组织等授予的荣誉，以及国际组织和其他国家、军队等授予的荣誉。

第二十七条 获得功勋荣誉表彰的军人享受相应礼遇和待遇。军人执行作战任务获得功勋荣誉表彰的，按照高于平时的原则享受礼遇和待遇。

获得功勋荣誉表彰和执行作战任务的军人的姓名和功绩，按照规定载入功勋簿、荣誉册、地方志等史志。

第二十八条 中央和国家有关机关、地方和军队各级有关机关，以及广播、电视、报刊、互联网等媒体，应当积极宣传军人的先进典型和英勇事迹。

第二十九条 国家和社会尊崇、铭记为国家、人民、民族牺牲的军人，尊敬、礼遇其遗属。

国家建立英雄烈士纪念设施供公众瞻仰，悼念缅怀英雄烈士，开展纪念和教育活动。

国家推进军人公墓建设。军人去世后，符合规定条件的可以安葬在军人公墓。

第三十条 国家建立军人礼遇仪式制度。在公民入伍、军人退出现役等时机，应当举行相应仪式；在烈士和因公牺牲军人安葬等场合，应当举行悼念仪式。

各级人民政府应当在重大节日和纪念日组织开展走访慰问军队单位、军人家庭和烈士、因公牺牲军人、病故军人的遗属等活动，在举行重要庆典、纪念活动时邀请军人、军人家属和烈士、因公牺牲军人、病故军人的遗属代表参加。

第三十一条 地方人民政府应当为军人和烈士、因公牺牲军人、病故军人的遗属的家庭悬挂光荣牌。军人获得功勋荣誉表彰，由当地人民政府有关部门和军事机关给其家庭送喜报，并组织做好宣传工作。

第三十二条 军人的荣誉和名誉受法律保护。

军人获得的荣誉由其终身享有，非因法定事由、非经法定程序不得撤销。

任何组织和个人不得以任何方式诋毁、贬损军人的荣誉，侮辱、诽谤军人的名誉，不得故意毁损、玷污军人的荣誉标识。

第四章 待遇保障

第三十三条 国家建立军人待遇保障制度，保证军人履行职责使命，保障军人及其家庭的生活水平。

对执行作战任务和重大非战争军事行动任务的军人，以及在艰苦边远地区、特殊岗位工作的军人，待遇保障从优。

第三十四条 国家建立相对独立、特色鲜明、具有比较优势的军人工资待遇制度。军官和军士实行工资制度，义务兵实行供给制生活待遇制度。军人享受个人所得税优惠政策。

国家建立军人工资待遇正常增长机制。

军人工资待遇的结构、标准及其调整办法，由中央军事委员会规定。

第三十五条 国家采取军队保障、政府保障与市场配置相结合，实物保障与货币补贴相结合的方式，保障军人住房待遇。

军人符合规定条件的，享受军队公寓住房或者安置住房保障。

国家建立健全军人住房公积金制度和住房补贴制度。军人符合规定条件购买住房的，国家给予优惠政策支持。

第三十六条 国家保障军人按照规定享受免费医疗和疾病预防、疗养、康复等待遇。

军人在地方医疗机构就医所需费用，符合规定条件的，由军队保障。

第三十七条 国家实行体现军人职业特点、与社会保险制度相衔接的军人保险制度，适时补充军人保险项目，保障军人的保险待遇。

国家鼓励和支持商业保险机构为军人及其家庭成员提供专属保险产品。

第三十八条 军人享有年休假、探亲假等休息休假的权利。对确因工作需要未休假或者未休满假的，给予经济补偿。

军人配偶、子女与军人两地分居的，可以前往军人所在部队探亲。军人配偶前往部队探亲的，其所在单位应当按照规定安排假期并保障相应的薪酬待遇，不得因其享受探亲假期而辞退、解聘或者解除劳动关系。符合规定条件的军人配偶、未成年子女和不能独立生活的成年子女的探亲路费，由军人所在部队保障。

第三十九条　国家建立健全军人教育培训体系，保障军人的受教育权利，组织和支持军人参加专业和文化学习培训，提高军人履行职责的能力和退出现役后的就业创业能力。

第四十条　女军人的合法权益受法律保护。军队应当根据女军人的特点，合理安排女军人的工作任务和休息休假，在生育、健康等方面为女军人提供特别保护。

第四十一条　国家对军人的婚姻给予特别保护，禁止任何破坏军人婚姻的行为。

第四十二条　军官和符合规定条件的军士，其配偶、未成年子女和不能独立生活的成年子女可以办理随军落户；符合规定条件的军人父母可以按照规定办理随子女落户。夫妻双方均为军人的，其子女可以选择父母中的一方随军落户。

军人服现役所在地发生变动的，已随军的家属可以随迁落户，或者选择将户口迁至军人、军人配偶原户籍所在地或者军人父母、军人配偶父母户籍所在地。

地方人民政府有关部门、军队有关单位应当及时高效地为军人家属随军落户办理相关手续。

第四十三条 国家保障军人、军人家属的户籍管理和相关权益。

公民入伍时保留户籍。

符合规定条件的军人，可以享受服现役所在地户籍人口在教育、养老、医疗、住房保障等方面的相关权益。

军人户籍管理和相关权益保障办法，由国务院和中央军事委员会规定。

第四十四条 国家对依法退出现役的军人，依照退役军人保障法律法规的有关规定，给予妥善安置和相应优待保障。

第五章 抚恤优待

第四十五条 国家和社会尊重军人、军人家庭为国防和军队建设做出的奉献和牺牲，优待军人、军人家属，抚恤优待烈士、因公牺牲军人、病故军人的遗属，保障残疾军人的生活。

国家建立抚恤优待保障体系，合理确定抚恤优待标准，逐步提高抚恤优待水平。

第四十六条 军人家属凭有关部门制发的证件享受法律法规规定的优待保障。具体办法由国务院和中央军事委员会有关部门制定。

第四十七条 各级人民政府应当保障抚恤优待对象享受公民普惠待遇，同时享受相应的抚恤优待待遇。

第四十八条 国家实行军人死亡抚恤制度。

军人死亡后被评定为烈士的，国家向烈士遗属颁发烈士证书，保障烈士遗属享受规定的烈士褒扬金、抚恤金和其他待遇。

军人因公牺牲、病故的，国家向其遗属颁发证书，保障其遗属享受规定的抚恤金和其他待遇。

第四十九条 国家实行军人残疾抚恤制度。

军人因战、因公、因病致残的，按照国家有关规定评定残疾等级并颁发证件，享受残疾抚恤金和其他待遇，符合规定条件的以安排工作、供养、退休等方式妥善安置。

第五十条 国家对军人家属和烈士、因公牺牲军人、病故军人的遗属予以住房优待。

军人家属和烈士、因公牺牲军人、病故军人的遗属，符合规定条件申请保障性住房的，或者居住农村且住房困难的，由当地人民政府优先解决。

烈士、因公牺牲军人、病故军人的遗属符合前款规定情形的，当地人民政府给予优惠。

第五十一条 公立医疗机构应当为军人就医提供优待服务。军人家属和烈士、因公牺牲军人、病故军人的遗属，在军队医疗机构和公立医疗机构就医享受医疗优待。

国家鼓励民营医疗机构为军人、军人家属和烈士、因公牺牲军人、病故军人的遗属就医提供优待服务。

国家和社会对残疾军人的医疗依法给予特别保障。

第五十二条 国家依法保障军人配偶就业安置权益。机关、群团组织、企业事业单位、社会组织和其他组织，应当依法履行接收军人配偶就业安置的义务。

军人配偶随军前在机关或者事业单位工作的，由安置地人民政府按照有关规定安排到相应的工作单位；在其他单位工作或者无工作单位的，由安置地人民政府提供就业指导和就业培训，优先协助就业。烈士、因公牺牲军人的遗属和符合规定条件的军人配偶，当地人民政府应当优先安排就业。

第五十三条 国家鼓励有用工需求的用人单位优先安排随军家属就业。国有企业在新招录职工时，应当按照用工需求的适当比例聘用随军家属；有条件的民营企业在新招录职工时，可以按照用工需求的适当比例聘用随军家属。

第五十四条 国家鼓励和扶持军人配偶自主就业、自主创业。军人配偶从事个体经营的，按照国家有关优惠政策给予支持。

第五十五条 国家对军人子女予以教育优待。地方各级人民政府及其有关部门应当为军人子女提供当地优质教育资源，创造接受良好教育的条件。

军人子女入读公办义务教育阶段学校和普惠性幼儿园，可以在本人、父母、祖父母、外祖父母或者其他法定监护人户籍所在地，或者父母居住地、部队驻地入学，享受当地军人子女教育优待政策。

军人子女报考普通高中、中等职业学校，同等条件下优先录取；烈士、因公牺牲军人的子女和符合规定条件的军人子女，按照当地军人子女教育优待政策享受录取等方面的优待。

因公牺牲军人的子女和符合规定条件的军人子女报考高等学校，按照国家有关规定优先录取；烈士子女享受加分等优待。

烈士子女和符合规定条件的军人子女按照规定享受奖学金、助学金和有关费用免除等学生资助政策。

国家鼓励和扶持具备条件的民办学校，为军人子女和烈士、因公牺牲军人的子女提供教育优待。

第五十六条 军人家属和烈士、因公牺牲军人、病故军人的遗属，符合规定条件申请在国家兴办的光荣院、优抚医院集中供养、住院治疗、短期疗养的，享受优先、优惠待遇；申请到公办养老机构养老的，同等条件下优先安排。

第五十七条 军人、军人家属和烈士、因公牺牲军人、病故军人的遗属，享受参观游览公园、博物馆、纪念馆、展览馆、名胜古迹以及文化和旅游等方面的优先、优惠服务。

军人免费乘坐市内公共汽车、电车、轮渡和轨道交通工具。军人和烈士、因公牺牲军人、病故军人的遗属，以及与其随同出行的家属，乘坐境内运行的火车、轮船、长途公共汽车以及民航班机享受优先购票、优先乘车(船、机)等服务，残疾军人享受票价优惠。

第五十八条 地方人民政府和军队单位对因自然灾害、意外事故、重大疾病等原因，基本生活出现严重困难的军人家庭，应当给予救助和慰问。

第五十九条 地方人民政府和军队单位对在未成年子女入学入托、老年人养老等方面遇到困难的军人家庭，应当给予必要的帮扶。

国家鼓励和支持企业事业单位、社会组织和其他组织以及个人为困难军人家庭提供援助服务。

第六十条 军人、军人家属和烈士、因公牺牲军人、病故军人遗属的合法权益受到侵害的，有权向有关国家机关和军队单位提出申诉、控告。负责受理的国家机关和军队单位，应当依法及时处理，不得推诿、拖延。依法向人民法院提起诉讼的，人民法院应当优先立案、审理和执行，人民检察院可以支持起诉。

第六十一条 军人、军人家属和烈士、因公牺牲军人、病故军人的遗属维护合法权益遇到困难的，法律援助机构应当依法优先提供法律援助，司法机关应当依法优先提供司法救助。

第六十二条 侵害军人荣誉、名誉和其他相关合法权益，严重影响军人有效履行职责使命，致使社会公共利益受到损害的，人民检察院可以根据民事诉讼法、行政诉讼法的相关规定提起公益诉讼。

第六章 法律责任

第六十三条 国家机关及其工作人员、军队单位及其工作人员违反本法规定，在军人地位和权益保障工作中滥用职权、玩忽职守、徇私舞弊的，由其所在单位、主管部门或者上级机关责令改正；对负有责任的领导人员和直接责任人员，依法给予处分。

第六十四条 群团组织、企业事业单位、社会组织和其他组织违反本法规定，不履行优待义务的，由有关部门责令改正；对直接负责的主管人员和其他直接责任人员，依法给予处分。

第六十五条 违反本法规定，通过大众传播媒介或者其他方式，诋毁、贬损军人荣誉，侮辱、诽谤军人名誉，或者故意毁损、玷污军人的荣誉标识的，由公安、文化和旅游、新闻出版、电影、广播电视、网信或者其他有关主管部门依据各自的职权责令改正，并依法予以处理；造成精神损害的，受害人有权请求精神损害赔偿。

第六十六条 冒领或者以欺诈、伪造证明材料等手段骗取本法规定的相关荣誉、待遇或者抚恤优待的，由有关部门予以取消，依法给予没收违法所得等行政处罚。

第六十七条 违反本法规定，侵害军人的合法权益，造成财产损失或者其他损害的，依法承担民事责任。

违反本法规定，构成违反治安管理行为的，依法给予治安管理处罚；构成犯罪的，依法追究刑事责任。

第七章 附 则

第六十八条 本法所称军人家属，是指军人的配偶、父母（扶养人）、未成年子女、不能独立生活的成年子女。

本法所称烈士、因公牺牲军人、病故军人的遗属，是指烈士、因公牺牲军人、病故军人的配偶、父母（扶养人）、子女，以及由其承担抚养义务的兄弟姐妹。

第六十九条 中国人民武装警察部队服现役的警官、警士和义务兵等人员，适用本法。

第七十条 省、自治区、直辖市可以结合本地实际情况，根据本法制定保障军人地位和权益的具体办法。

第七十一条 本法自2021年8月1日起施行。

关于《中华人民共和国军人地位和权益保障法（草案）》的说明

——2020年12月22日在第十三届全国人民代表大会常务委员会第二十四次会议上

中央军委委员、中央军委政治工作部主任　苗　华

全国人民代表大会常务委员会：

我受国务院、中央军委委托，现对《中华人民共和国军人地位和权益保障法（草案）》作说明。

根据中央军委军事政策制度改革部署安排，中央军委政治工作部、中央军委改革和编制办公室在深入调查研究、充分协商论证、广泛征求意见的基础上，起草形成了《中华人民共和国军人地位和权益保障法（草案）》（以下简称草案），现将有关问题说明如下。

一、制定的必要性

维护军人尊崇地位、保障军人合法权益，事关国防和军队现代化建设，事关国家安全和发展全局，是党和国家的一贯方针。进入新时代，实现中华民族伟大复兴

对人民军队履行使命任务提出新的更高要求，通过立法保障军人地位和权益意义重大、势在必行。

（一）制定这部法律是贯彻落实党中央和习主席决策部署的需要。党的十九大提出，“维护军人军属合法权益，让军人成为全社会尊崇的职业。”习主席多次强调，要抓紧制定完善军人地位和权益保障方面的法规制度，增强军事职业吸引力和军人使命感、荣誉感。此次军事政策制度改革，专门就推动出台军人地位和权益保障法作了部署安排。贯彻落实党中央和习主席决策部署，实现让军人成为全社会尊崇的职业，有必要将党的意志和改革举措转化为制度安排、固化为法律规范。

（二）制定这部法律是实现党在新时代的强军目标的需要。强国必须强军，军强才能国安。党的十八大以来，在习近平强军思想指引下，国防和军队建设取得一系列历史性成就，实现一系列历史性变革，人民军队体制一新、结构一新、格局一新、面貌一新，圆满完成党和人民赋予的使命任务。军人是国防力量的中坚、军队建设的主体，是战争制胜的决定性因素。实现中国梦强军梦，有必要将军人地位和权益保障以法律形式固化下来，以激励广大官兵更加有效履行职责和使命，为全面建成世界一流军队提供有力支撑。

（三）制定这部法律是完善军事法律体系的需要。军人职业具有高风险性、高流动性、高奉献性。党、国家和军队对军人地位和权益保障工作高度重视，出台了一系列法规政策，对增强军事职业吸引力、凝聚力、战斗力发挥了重要作用。但从整体上看，这方面的政策法规还比较零散细碎，效力层级偏低，一些待遇保障政策落实还不到位，有些措施已明显滞后于经济社会发展，迫切需要适应形势任务变化、制定一部综合性法律，系统规定军人地位和权益保障的基本原则和制度，推动军事法律体系化建设。

（四）制定这部法律是强化全民国防意识的需要。当今世界正经历百年未有之大变局，我国发展环境正面临深刻复杂变化，迫切需要强化各级机关和全社会的国防意识和忧患意识，统筹好发展和安全两件大事。制定这部法律，褒扬军人军属的牺牲奉献精神，明确组织和公民的相关责任和义务，有利于引导全社会积极参与支持国防和军队建设，切实为广大官兵排忧解难，推动形成尊崇军人职业的浓厚氛围，凝聚起富国强军的强大正能量。

二、制定过程

上世纪 90 年代初，八届全国人大常委会曾将制定军人地位和权益保护法纳入立法规划。1994 年组织起草国防法时，对制定专门法律保护军人地位和权益启动了相关研究，最后确定将相关内容在国防法中作出原则性规定。党的十八大以来，军人地位和权益保障立法步伐明显加快，2016 年 6 月经习主席批准，中央军委政治工作部、后勤保障部组织力量展开系统研究论证。2019 年 1 月，根据军事政策制度改革部署安排，中央军委政治工作部成立专门工作班子，全面展开军人地位和权益保障法研究起草工作。

草案起草主要做了以下工作：一是组织专题研究。深入学习领会习主席一系列重要指示精神，掌握立法思想武器；系统梳理党、国家和军队现行法规政策，深入研究历史文献资料，切实搞清相关制度的历史传承和发展脉络，并组织研究外军立法情况。二是深入调研论证。赴 6 省 11 市军地单位进行座谈调研和问卷调查，司法部领导带队到军地开展立法调研；组织各行业领域进行“军人职业社会尊崇度调查”，形成综合报告和数据图表；多次听取中央和国家机关有关部门、军委机关有关部门的立法建议和需求。三是广泛征求意见。先后 2 次书面征求中央和国家机关部门、军委机关部门和大单位意见，与有关部门就分歧意见反复沟通协商，与中央组织部、中央宣传部、教育部、财政部等 9 个部门就有关问题进行集中会商。期间，中央军委改革和编制办公室组织了立法评估，司法部牵头召开法律专家座谈会进行论证咨询。

各方面对草案形成了一致意见。目前，草案已经国务院常务会议和中央军委常务会议讨论通过。

三、制定的指导思想和原则

坚持以习近平新时代中国特色社会主义思想为指导，深入贯彻习近平强军思想，坚决落实军事政策制度改革部署，聚焦服务备战打仗，紧贴军人职业特殊属性，重点规范军人地位和权益保障的基本原则和基本制度，力争构建一部具有中国特色、适应强军要求、体现鲜明导向的军人地位和权益保障法律。

起草中主要把握以下原则：一是立牢根本遵循。全面贯彻习主席关于军人地位和权益保障的重要指示，全程对标对表改革方案，确保将党的意志转化为国家意志、实现改革目标。二是服务备战打仗。既立足平时又着眼战时，突出特殊地区、特殊岗位和执行特殊任务官兵，突出军属、烈属等对象给予政策倾斜，树立备战打仗的鲜明导向。三是坚持继承创新。总结固化优良传统和实践经验，合理规范保障内容，拓展保障渠道，提高保障水平，增强制度安排的时代性和含金量。四是注重统筹兼顾。坚持与国民经济和社会发展水平相适应，物质保障与精神激励相结合，兼顾其他利益群体的关联性和历史遗留矛盾的牵连性。五是搞好体系设计。按照军人地位和权益保障“管总”的法律定位，系统构建基本政策制度体系，既与相关法律衔接耦合，又为制定完善下位法规提供依据、预留接口。

四、草案的主要内容

草案共6章48条，主要包括以下6个方面内容：

（一）规范军人法律地位。一是突出军人职业性质，明确军人是中国共产党领导的人民军队的基本组成部分，是人民的子弟兵，肩负捍卫国家主权、安全、发展利益和保卫人民生命财产安全的神圣职责和崇高使命，是社会主义现代化建设的重要力量。二是明确军人履行职责使命的特殊要求。三是强化国家和社会保障军人地位和权益的主体责任。

（二）规范军人地位和权益保障的基本原则和管理体制。一是规定军人地位和权益保障工作的基本原则，即坚持中国共产党的领导，以服务军队战斗力建设为根本目的，遵循权利与义务相统一、物质保障与精神激励相结合、保障水平与国民经济和社会发展相适应的原则。二是规定军人地位和权益保障的管理体制，形成军地衔接的运行机制。三是对军人地位和权益保障所需经费作出规定，明确考核和表彰奖励相关内容。

（三）规范军人荣誉维护制度。一是规定国家建立军人荣誉体系，军人应当崇尚荣誉、珍惜荣誉。二是明确获得功勋荣誉表彰的军人享受相应礼遇和待遇。三是规范军人荣誉宣扬，规定重大节日纪念和走访慰问、举行军人礼遇仪式、悬挂光荣牌等彰显尊崇的措施。四是规定军人的荣誉和人格尊严受法律保护。

（四）规范军人待遇保障制度。一是明确国家建立军人待遇制度，对于符合条件的军人待遇保障从优。二是强调军人依法履行职责的行为受法律保护。三是从工资、住房、医疗、保险、休息休假、户籍权益等方面，规定军人应当享有的待遇，明确保障制度。四是明确军人婚姻保护、家属随军落户以及军人配偶探亲的有关规定。五是原则规定退役军人的妥善安置和待遇保障。

（五）规范军人抚恤优待制度。一是规定国家建立抚恤优待保障体系，优待军人、军人家属，抚恤优待烈士、因公牺牲军人、病故军人的遗属，保障残疾军人的生活。二是完善军人军属在住房、医疗、就业安置、子女教育、养老以及参观游览、交通出行、司法服务等方面的优待政策。三是完善对烈士、因公牺牲军人、病故军人的遗属和残疾军人的抚恤优待制度。四是明确符合条件的军人家庭按照规定享受救助和必要的帮扶。五是规定抚恤优待对象享受公民普惠待遇，同时享受相应的抚恤优待待遇。

（六）规范权益救济和法律责任。一是规定军人权益受到侵害后，依法提出申诉和控告、申请调解和行政复议、提起诉讼等权益救济机制和渠道。二是规定国家机关和军队单位及其工作人员，人民团体、企业事业组织、社会组织和其他组织，以及全体公民，违反本法规定应当承担的法律责任和处罚措施。

此外，草案附则对制定配套法规作了授权，对涉及的名词用语作了解释，对适用范围作了补充规定。

草案和以上说明是否妥当，请审议。

中华人民共和国军人地位和权益保障法

ZHONGHUA RENMIN GONGHEGUO JUNREN DIWEI HE QUANYI BAOZHANGFA

经销/新华书店

印刷/北京盛通印刷股份有限公司

开本/850 毫米 ×1168 毫米 32 开　　印张/1　字数/12 千

版次/2021 年 6 月第 1 版　　2021 年 6 月第 1 次印刷

中国法制出版社出版

书号 ISBN 978－7－5216－1952－2　　定价：4.00 元

北京西单横二条 2 号

邮政编码 100031　　传真：010－66031119

网址：http：//www.zgfzs.com　　**编辑部电话：010－66066621**

市场营销部电话：010－66033393　　**邮购部电话：010－66033288**

（如有印装质量问题，请与本社印务部联系调换。电话：010－66032926）